Gartenlauben

Geborgenheit und Glück im Grünen

VITRINE

Fotos von Peter Andreas
Texte von Werner Piepenbrock

AT Verlag Aarau · Stuttgart

Grafik und Gestaltung: Martin Eberhard, Aarau
Gesamtherstellung: Grafische Betriebe
Aargauer Tagblatt AG, Aarau
Printed in Switzerland

ISBN 3-85502-188-0

verboten

Grüsse aus der Vergangenheit

Ob Gartenhäuschen oder Laube, Pagode oder Pavillon, eines ist ihnen allen gemeinsam: In romantischer Verkleidung liebenswert kostümiert, überraschen sie uns als stille Botschafter aus vergangener Zeit. Charmant und ein wenig abgewetzt. Heiter maskiert wie zum Karneval in Venedig. Und immer ein wenig geheimnisvoll. Denn unergründlich wie bei einer alternden Diva bleibt auch hier die Geburtsstunde.

Aus dem Stil darf man keinerlei Schlüsse ziehen. Er flunkert fröhlich vor sich hin; bewegt sich zwischen Peking und Hellas, Biedermeier und Barock, Klassizismus und Rokoko.

Seiten 8 und 9:
Nicht nur Gartenhäuschen, sondern auch diskreter Durchschlupf vom Wirtschaftsgarten in den Schlosspark. Wer dieses Häuschen betrat, wechselte Welten, wenn er den Hinterausgang benutzte.

Die zarten Pastelltöne erinnern an den Charme Venedigs, die Form an englischen Klassizismus. Das Häuschen steht an einer niederländischen Gracht im Norden Hollands. Glücklich, wer dort seinen Räucheraal verspeist.

Unglaublich galant und nicht ganz echt

Schon hätten wir ein reizvolles Stichwort: Rokoko. Denn in der Zeit galanter Schäferspiele und frivoler Gartenfeste reichten Fächer und Masken nicht immer ganz aus, um sich für ein erfrischendes Stündchen unsichtbar zu machen. Das Gartenhaus musste her!

Zwar hatte schon die Regelmässigkeit der französischen Gärten nach Belebung gestrebt. Zwar liebte man schon in der ersten Hälfte des 18. Jahrhunderts nicht nur die unterhaltsame Wirkung des Wassers in Form von Fontänen, Quellen und Kaskaden, sondern auch Grotten und künstliche Höhlen, Einsiedeleien, Lusthäuser und Jagdschlösschen. Aber im Rokoko ging's erst so richtig los: Rousseau hatte die Rückkehr zur Natur verlangt, die englische Gartenkunst wurde Mode. Die Wege schlängelten sich. Man durchwandelte sie still sinnend oder schwärmerisch, entzückt oder erschreckt. Zu bestaunen gab es genug: Pyramiden und Obelisken, Tempel, Gräber und Altäre, gotische Kirchen neben Strohhütten, Bauernhäuser neben Burgen.

Fast schon ein kleines Schlösschen, nach Rokokomanier im üppigen Laub der englischen Gartenlandschaft versteckt. Kaum noch spürbar: die planende Hand eines Gartenarchitekten.

Seiten 14 und 15:
Unter einer beschützenden Buche: fünf Quadratmeter Raum für stille Stunden an warmen Sommertagen.

Naturschiefer ist seit Jahrhunderten in einigen deutschen Mittelgebirgsregionen ein beliebtes Baumaterial. Hier wurde ein achteckiger Pavillon damit verkleidet und erinnert nun an eine Bockmühle.

Offener Pavillon zum Zwecke einer trockenen Skat-Partie an regnerischen Sommertagen.

Seiten 20 und 21:
Anheimelnd und dekorativ: die Fachwerkbauweise. Als Gartenhausarchitektur eine recht originelle Technik.

Die grosse Mode: Chinoiserien

Besonders bewunderte man chinesische Kunstfertigkeiten: Lackarbeiten, Intarsien und Prozellane aus dem Reich der Mitte waren ebenso beliebt wie der neue «jardin anglo-chinois» und natürlich Pagoden, deren Stockwerke eigene Dächer besassen, von denen Glocken herabhingen.

Seiten 22, 24 und 25:
Merkzeichen ostasiatischer Pagoden waren seit jeher die mehrfach übereinandergestuften Stockwerke mit eigenem Vordach. Hier sind nur noch zwei Etagen übriggeblieben, aber Stützbalken, polygonaler Grundriss und die geschwungene Dachform sind typisch für diese eigenartigen Tempelbauten, die seit dem Rokoko auch in Westeuropa, besonders als Teehäuser Liebhaber fanden.

Dieses Gartenhaus schliesst sich dem Landhaus an wie ein Kind der Mama. Bemerkenswert: die fast orientalisch anmutenden, ausgesägten Ornamente.

Seiten 28 und 29:
Kompliment, mein Herr! Sie haben sich ein vorzügliches Plätzchen ausgesucht. Dies ist nun schon wirklich etwas Besonderes: Backstein und Reetdach weisen auf den Norden hin. Kühl, aber fein. Gut geeignet für einen trockenen Sherry zu zweit.

Phantasievoll, aber praktisch

Pagoden, griechische Rundtempel, Pavillons und Eremitagen, Kapellen und Schäferhütten, sie alle dienten der Dekoration. Aber: Raum ist in der kleinsten Hütte. Und man nutzte ihn auch: zur Haltung von Mohren, zum Teetrinken, bei unvorhergesehenen Wettereinbrüchen, zu Schach- oder Schäferspielen, zu zweit, zu dritt oder zu viert und manchmal vielleicht auch um einsam zu sein, Gefühlvolles zu empfinden und sich allein von der Muse küssen zu lassen.

Die von den Griechen angestrebte Gleichmässigkeit fand im Rundtempel ihre Vollendung. Kein Wunder, dass Tholos und Monopteros im Klassizismus als Bauformen neuentdeckt und nachgeahmt wurden.

Seiten 32 und 33:
Die grossen Glasfenster halten die böse Zugluft ab. Gleich darüber kann frischer Wind ungehindert durchs hölzerne Gitterwerk ziehen. So ist man vor der Natur geschützt und kann sie gleichzeitig geniessen.

Das kann den erfolgreichsten Architekten unterlaufen: Hier hat man den klaren Blick für die notwendigen Proportionen verloren. Es sei denn, der Gartenhausherr besitzt als Haustier eine Giraffe. Vielleicht aber auch war es die Freude an den aussergewöhnlichen Dimensionen. Besonders liebenswert: die Glasmalerei in der 2. Etage.

Seiten 36 und 37:
Wenn auch die Farben verblassen: Noch immer ist dieses Häuschen im Grünen für kleine Feste gut geeignet.

Zweifach überrollt: erst Napoleon, dann Borsig

Die Sehnsucht nach Einsamkeit wuchs. Das 19. Jahrhundert brachte Unruhe. Empire und Biedermeier, Napoleon und Eisenbahn. Industrialisierung und Verstädterung. Maschinen, Technik, Kapital.

Je lauter die Zeit wurde, um so mehr wusste man die Ruhe zu schätzen.

Nach des Tages Mühen schmauchte man still sein Meerschaumpfeifchen im bequemen Morgenrock, möglichst weit von der Strasse entfernt im Schatten einer alten Linde, versteckt hinter wilden Rosen. Die Perücke verschwand. Pavillon und Pagode blieben.

Wo schon unsere Grosseltern als Wandervögel Rote Grütze assen: sechseckiger, offener Pavillon mit Schieferdach, Kassettendecke, freier Aussicht nach allen Seiten und 42 klingenden Glöckchen rund um den Dachrand.

Seiten 40 und 41:
Festes Gartenhaus mit barocken Stilelementen aus Stein mit Schieferdach: Für kleine sommerliche Feste bei Wind, Unwetter oder Gewitter.

Seiten 42 und 43:
Fast eine feste Burg: barocke Gartenhausromantik mitten im Ruhrgebiet.

Kein Tele- und kein Grammophon, kein Grill und kein TV-Gerät dürfen eine solche stilvolle Stätte entweihen: elegantes Gartenhaus aus dem frühen 19. Jahrhundert.

Der Städter liebt die Ruhe

Er hat auch Ruhe besonders nötig. Und: «Ruhe ist die erste Bürgerpflicht.» Auf alle Pflichten aber durfte man pfeifen. Wo? In der kleinen Gartenlaube natürlich. Vorausgesetzt, man konnte sich solch ein Refugium leisten. Dann war man gut dran: Da vergass man die ständig steigenden Kaffeepreise, das Zipperlein, die Schwiegermutter, die damit zusammenhängenden Disharmonien und Verdauungsbeschwerden. Hier liess man frischen Wind wehen, vergass Rechnungen und Mahnungen, Steuern und Gesetze. Man dachte an nichts Schlimmes mehr: nicht an die bösen Anarchisten, nicht an die unberechenbaren Liberalen, nicht an Krankheiten, Konflikte und Krisen. Hier hatte Mama einst Papa als feschen Lieutenant geküsst. Jetzt belebte heimlich zur Dämmerstunde ihr «eigen Fleisch und Blut» mit dem blondgelockten Studiosus das neugriechische Tempelchen. Hübsch allein. Nur Amor war in der Nähe. Aus Sandstein. Zur Verlobung wurde am gleichen Ort eine Maibowle eingenommen. Im engsten Kreis. Die Enkel spielten dort erst Halma, dann Schach, später weitaus atemberaubendere Spiele, denn die Zeit verrinnt schnell. Besonders wenn man älter wird. Und unsere Häuschen wurden es auch. Die Farben verblassten, blätterten ab.

Fast ein kleines Zwiebeltürmchen: charmantes Holzhäuschen im Geschmack des späten vorigen Jahrhunderts.

Auto und Kino statt Gartenhaus

Eine mächtige Konkurrenz war plötzlich da: das Auto als Liebeslaube. Man küsste sich im Kino, im Campingzelt und bald darauf ganz unschuldsvoll in aller Öffentlichkeit.

Fast verständlich, dass unser Gartenhaus ein wenig in Vergessenheit geriet. Sogar der grosse, verrostete Schlüssel - wo hing der jetzt? Gleich am Birnbaum. Wie praktisch. Öffnete man die knarrende Tür, roch es ein wenig dumpf, aber auch nach trockenem Holz. Das Inventar: Leiter, Giesskanne, Gartenschlauch, zwei Lampions, eine einäugige Sonnenbrille, ein Grammophon, vertrocknete Birnen, Haselnüsse, ein defekter Eimer und Goethes Werke dritter Band. Hinter dem zusammengeklappten Liegestuhl: ein heimliches Hühnernest mit vier Eiern. Ach ja: Die Fensterscheibe war zerbrochen. Das Gartenhaus hatte schon bessere Tage gesehen.

Seiten 48 und 49:
Für alle, deren Frisur nicht nass werden darf, die den Regen fürchten, aber die grünende Natur lieben: ein Gartenhäuschen, das eigentlich nur aus einer Überdachung besteht, wenn man von den lustigen, luftigen Filigranfenstern absieht.

Bis auf die Regenrinne ganz aus Holz: ein schattiges Plätzchen für heisse Sommertage.

Seiten 52 und 53:
Klassizistisches Gartenhaus mit Komfort und historischer Vergangenheit: Im benachbarten Herrenhaus übernachtete Kaiser Napoleon.

Heute geschlossen. Bedauerlich. Baumaterial: Holz, Schiefer, weisse und grüne Ölfarbe. Klarer Hinweis auf den Standort: Grün, Weiss, Schwarz sind die Farben des Bergischen Landes.

Der Fortschritt überrollte die Idylle mit sechsspurigen Autobahnen, Hochhäusern, Wohnsilos und Satellitenstädten, bis uns vor diesem «Grau in Grau» das Grauen packte. Man sehnte sich plötzlich nach der verlorenen Romantik. Suchte sie auf Omas Hängeböden und auf dem Trödelmarkt. Ein längst vergessener Ausdruck wurde zum neuen Modewort: Nostalgie, Heimweh oder Sehnsucht.

Einheitliches Merkmal ist immer die Liebe zum Detail: Gitterwerk, Ornamente, gedrechseltes und geschnitztes Holz, verzierte Träger, Säulen, Pfosten und phantasievolle Anstriche adeln die alten Gartenhäuschen und machen sie uns so liebenswert.

Schieferverkleidung und -bedachung fügen sich besonders gut in das Landschaftsbild ein. Das hübsche weisse Fenster erinnert an Barockstil.

Comeback und zweite Jugend

Kluge Handwerksmeister und Baubetriebe nutzten diese Marktlücke sofort. Nach alten Vorbildern und Mustern entstehen sie jetzt wieder. Zwar aus ganz neuzeitlichen Materialien, mit modernen, technischen Mitteln serienmässig hergestellt, dafür aber erschwinglich und praktisch. Als Pavillons bedürfen sie keiner Baugenehmigung, falls sie unbewohnt, offen und nicht zu gross sind. Verlegte Steine, Platten oder Betonfundamente bilden eine stabile Basis. Und was über der Erde sichtbar wird, hat den gleichen Charme wie damals:

Erinnert uns an Rokoko und Romantik, an Oma und Opa. An längst vergangene Zeiten, als Individualismus noch gerne gestattet war. Als standhaft hat sie sich erwiesen, die grosse gemischte Familie der Pavillons, Lauben und Gartenhäuser.

Treten Sie ein: Hier können Sie träumen, sich trösten, die Zeit vergessen oder sich selbst.

Von oben bis unten Schiefer! Lusthäuschen im Schatten knorriger Buchen.

Kurz erklärt:

Belvedere. (Italienisch: Schöne Aussicht.) Selbständiger, architektonisch gestalteter Aussichtspunkt in Park- und Gartenanlagen.

Cella. Geschlossener Innenraum der antiken Tempel.

Englischer Garten. Der freien Natur nachgebildeter, unregelmässiger Park oder Landschaftsgarten.

Eremitage. Einsiedelei, abgelegenes Gartenhaus oder Schlösschen im 18. Jahrhundert.

Kiosk. Türkische Bezeichnung für freistehende Gartenhäuschen oder geschlossene Vorbauten in oberen Etagen.

Klassizismus. Stilform, die sich im späten 18. Jahrhundert mit klaren strengen Formen gegen Barock und Rokoko durchsetzte und mit ihrer Idealisierung des klassischen Altertums bis etwa 1830 alle Kunstrichtungen beeinflusste.

Klause. Lehnwort aus dem Lateinischen für einen abgeschlossenen Raum, dessen Betreten verboten ist. Zelle.

Laube. Gartenhütte. In der Architektur: Gewölbter Bogengang. Auch Innenbalkon.

Monopteros. Griechischer oder römischer Tempel-Rundbau, dessen Dach frei von Säulen getragen wird. Ohne geschlossenen Innenraum. (Cella)

Pagode. Indisches Wort für Tempel. Bezeichnung für chinesische Tempelturmbauten, bei denen jede Etage ein eigenes Dach besitzt.

Pavillon. Ursprünglich: Papillon, Schmetterling. Viereckige Zelte. In der Baukunst: freistehender, runder oder eckiger Bau oder separater Anbau.

Polygonal. Vieleckig.

Refugium. Lateinisch für Fluchtstätte. Frühgeschichtliche Wehranlagen slawischer und keltischer Stämme.

Rokoko. Endphase des Barock etwa in der zweiten Hälfte des 18. Jahrhunderts. Wird von dem französischen Wort rocaille abgeleitet, das auf Grotten und Muscheln hinweist. Roc = Felsen.

Rotunde. Kleiner einräumiger Rundbau oder Rundraum innerhalb eines Bauwerkes.

Tholos. Griechischer Rundtempel mit einem äusseren Säulenkreis und einem geschlossenen Innenraum. (Rundcella)

Die Besitzerin dieses Gartenhauses schrieb seelenvolle Lieder und Verse: Luise Hensel ist heute längst nicht mehr so bekannt wie ihr Kindergebet «Müde bin ich, geh' zur Ruh'».